westermann

W0324935

Sprache untersuchen

Erarbeitet von

Heike Baligand
Angelika Föhl
Nadine Pistor
Elke Schnepf-Rimsa

in Zusammenarbeit mit der
Westermann-Grundschulredaktion

Unter Beratung von

Nadine Haida-Herklotz
Miriam Jacobs
Katharina Jorga
Insa Scheller
Christina von Weyhe
Prof. Dr. Anja Wildemann

Illustriert von

Angela Fischer-Bick und Karoline Kehr

Flex und Flora 3

Deutsch

Inhaltsverzeichnis

Seite

Seite

Gut starten

Datum: ____________

1 Markiere die Anfangsbuchstaben der Nomen.
Ordne die Nomen nach dem **ABC**.

Zitrone	~~Apfel~~	Kartoffel	Salat	Birne
Mandarine	Erdbeere		Paprika	Tomate

Apfel, ______________________________

____

2 Bilde neue sinnvolle Wörter.
Tausche immer
den blauen
Selbstlaut aus.

Zu den Selbstlauten
gehören **a**, **e**, **i**, **o**, **u**,
die Umlaute **ä**, **ö**, **ü** und
die Zwielaute **au**, **äu**, **ei**, **eu**.
Auch **ie** gehört dazu.

wischen – ____________ Tor – ____________

Bach – ____________ Reim – ____________

Uhr – ____________ lieben – ____________

3 Sprich die Wörter halblaut.
Setze die Selbstlaute ein.

i ei	M_i_lchr_ei_s	o a e o e	T__m__t__ns__ß__
ü e ü i	Fr__cht__m__sl__	ä e eu e	H__hnch__nk__l__
ö e ö e	K__rn__rbr__tch__n	au e u e	Pfl__m__nk__ch__n

4 Markiere in Aufgabe 3 die Selbstlaute und zeichne Silbenbögen.

5 Überlege dir Wörter mit möglichst
vielen Silben und schreibe sie ins Heft.
Markiere die Selbstlaute, Umlaute
und Zwielaute und zeichne Silbenbögen.

Jede Silbe hat
einen Selbstlaut,
Umlaut oder Zwielaut.

6 Schreibe die Nomen in der Mehrzahl.

Menschen	
eine Tante –	viele Tanten
ein Koch –	
ein Kind –	

Tiere	
ein Hund –	
ein Zebra –	
ein Vogel –	

Pflanzen	
ein Blatt –	
eine Gurke –	
ein Baum –	

Dinge	
eine Hose –	
ein Roller –	
ein Stuhl –	

7 Schreibe die Nomen mit bestimmten und unbestimmten Artikeln.

	bestimmter Artikel	unbestimmter Artikel
	der Löffel	ein

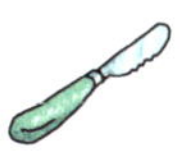		

8 In jeder Zeile steht ein Nomen. Es ist falsch geschrieben. Streiche es durch und schreibe es richtig.

lacht	laut	~~löwe~~	leuchtet	ein Löwe
niest	nuss	niedlich	nur	
mich	malt	mit	mutter	
berg	backt	bunt	brennt	

Datum: ______

1 Schreibe die Verben mit den richtigen Wortbausteinen am Ende.
Markiere die Wortbausteine.

kaufen		schreiben		üben	
ich	kaufe	du	schreibst	Ali	
Max		Ida		ich	
wir		er		wir	
du		wir		Eva	
er		ich		du	

2 Markiere in jedem Satz das Verb.
Mache die Verbprobe.

Indra und Jan sitzen im Auto.
Sie fahren mit Oma und Opa an die Ostsee.
Indra schaut eine Weile aus dem Fenster.
Aber plötzlich stehen alle Autos im Stau.
Nun liest Indra witzige Quizfragen.
Jan hört eine spannende Geschichte.

3 Lies das Gespräch
und setze die Satzzeichen **. ? ! .**

Opa, wann sind wir endlich da ?

Indra, das kann ich dir nicht genau sagen ___

Wie weit ist es denn noch ___

Etwa 40 Kilometer, aber es gibt eine Baustelle ___

Oh, nein ___ Ich habe Hunger ___

Iss doch eine Banane ___

Haben wir auch Äpfel ___ Die mag ich lieber ___

2-3

Verben in verschiedenen Personalformen schreiben
Verben in Sätzen identifizieren
Satzschlusszeichen in einen Dialog einfügen

KV 15, 16
Fö 16, 17

Datum: ____________

4 Setze passende Adjektive ein.

bunt	klein	frech	~~groß~~

Das Pferd ist groß. Das große Pferd wiehert.

Der Affe ist ____________. Der ____________ Affe turnt.

Die Ameise ist ____________. Die ____________ Ameise krabbelt.

Der Papagei ist ____________. Der ____________ Papagei ruft.

5 Schreibe passende Adjektive zu den Bildern.

 ein grüner Rock

 eine ____________ Mütze

 ein ____________ T-Shirt

 der ____________ Schuh

 die ____________ Hose

 das ____________ Kleid

6 Markiere in den Wörtern den Wortstamm **Bau/bau/bäu** und **Geh/geh**. Schreibe sie nach den Wortfamilien **bauen** und **gehen** geordnet.

~~anbauen~~	weggehen	Gebäude	Gehweg
ausgehen	Bauklotz	Umbau	Gehstock

Wortfamilie **bauen**	Wortfamilie **gehen**
anbauen	

Nomen zusammensetzen

Datum: ____________

1 Sprich mit einem Partnerkind.
Warum weiß Flora nicht,
welches Buch Flex meint?

____
Unterschrift Partnerkind

2 Setze die Nomen zusammen. Schreibe sie mit Artikel ins Heft.

~~der Tee~~	das Obst	der Zirkus
das Zelt	~~die Tasse~~	der Teller

der Tee + die Tasse → die Teetasse

Nur der erste Buchstabe wird großgeschrieben: **T**eetasse.

3 Setze die Nomen zusammen. Schreibe **n** oder **s** zwischen die Wörter.
Markiere **n** oder **s** in der Mitte der zusammengesetzten Nomen.

Birne — **n** – Torte — Birnentorte
Geburtstag — ____________________
Schokolade — ____________________
Liebling — **s** – Torte — ____________________

Wenn du **Nomen zusammensetzt**, kannst du genauer sagen, was du meinst:

der Tee	+	die Tasse	→	die Teetasse.
Bestimmungswort		**Grundwort**		**zusammengesetztes Nomen**

Der Artikel richtet sich nach dem Grundwort.
Manchmal musst du noch Buchstaben zwischen die Nomen setzen:
Birnentorte, Lieblingstorte.

Zusammengesetzte Nomen bilden

Datum: ____________

1 Bilde zusammengesetzte Nomen mit dem Wort **Ball**.
Schreibe sie mit bestimmtem Artikel.

~~die Hand~~	das Wasser	das Leder
der Fuß	die Feder	die Medizin

der 

der Handball, der ____________

____

____

2 Bilde zusammengesetzte Nomen. Verbinde.
Schreibe sie mit Artikel.

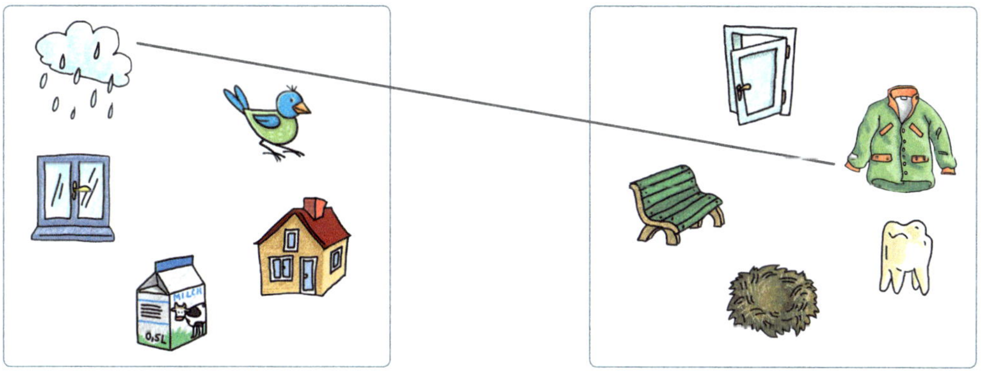

der Regen + die Jacke → die Regenjacke, ____________

____

____

____

____

____

3 Suche dir zwei Kinder für eine Gruppe.
Bildet eine Wörterkette
aus zusammengesetzten Nomen.
Das Grundwort wird im nächsten Wort zum Bestimmungswort.
Schulhof – Hofpause – Pausenspiel – Spiel …

____
Unterschriften Gruppenkinder

Nomen mit n oder s verbinden

Datum: ____________

1 Bilde zusammengesetzte Nomen und setze sie in die Sätze ein.
Markiere **n** oder **s** zwischen den Nomen.

Julians Papa sucht seinen Wohnungsschlüssel.
Wohnung | Schlüssel

Zuerst schaut er auf dem ______________ nach.
Küche | Tisch

Dort liegt aber nur der Rest vom ______________.
Marmelade | Brot

Julian sucht in Papas ______________.
Jacke | Tasche

Da ist er ja! Heute ist Papas ______________.
Glück | Tag

2 Bilde zusammengesetzte Nomen mit **Frühstück** und **Katze**.
Markiere **n** oder **s** zwischen den Nomen.

Frühstücksbrett, ______________

____

____

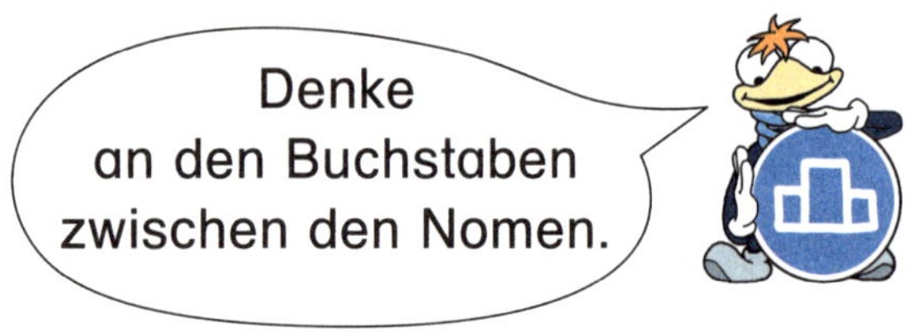

Katzenohr, ______________

____

____

3 Suche dir ein Partnerkind.
Sammelt im Heft zusammengesetzte Nomen
mit **n** oder **s** in der Mitte: Geburtstagskind, …

____
Unterschrift Partnerkind

Zusammengesetzte Nomen untersuchen

Datum: ______________

1 Bilde zusammengesetzte Nomen und schreibe sie.
Markiere die beiden Nomen, die du zusammengesetzt hast.

Eine Decke für das Bett ist eine Bettdecke.

Ein Kissen für den Kopf ist ein ______________.

Eine Spange für das Haar ist eine ______________.

Ein Tuch für die Tasche ist ein ______________.

Ein Knopf an der Hose ist ein ______________.

2 Schreibe die Erklärung zu den zusammengesetzten Nomen.

Eine Windjacke ist eine Jacke gegen den Wind.

Eine Reisetasche ist ______________.

Ein Schulhof ist ______________.

Ein Sonnenhut ist ______________.

Eine Schiffsreise ist ______________.

3 Bilde zusammengesetzte Nomen.
Schreibe sie mit unbestimmtem Artikel.

Ein  mit  ist ein Käsebrot.

Ein  mit  ist ______________.

Ein  mit  ist ______________.

Ein  mit  ist ______________.

Ein  mit  ist ______________.

4 Bilde Wörter aus drei Nomen. Schreibe sie ins Heft.
der Regen + das Wasser + die Tonne → die Regenwassertonne

Nomen in der Mehrzahl bilden

Datum: ____________

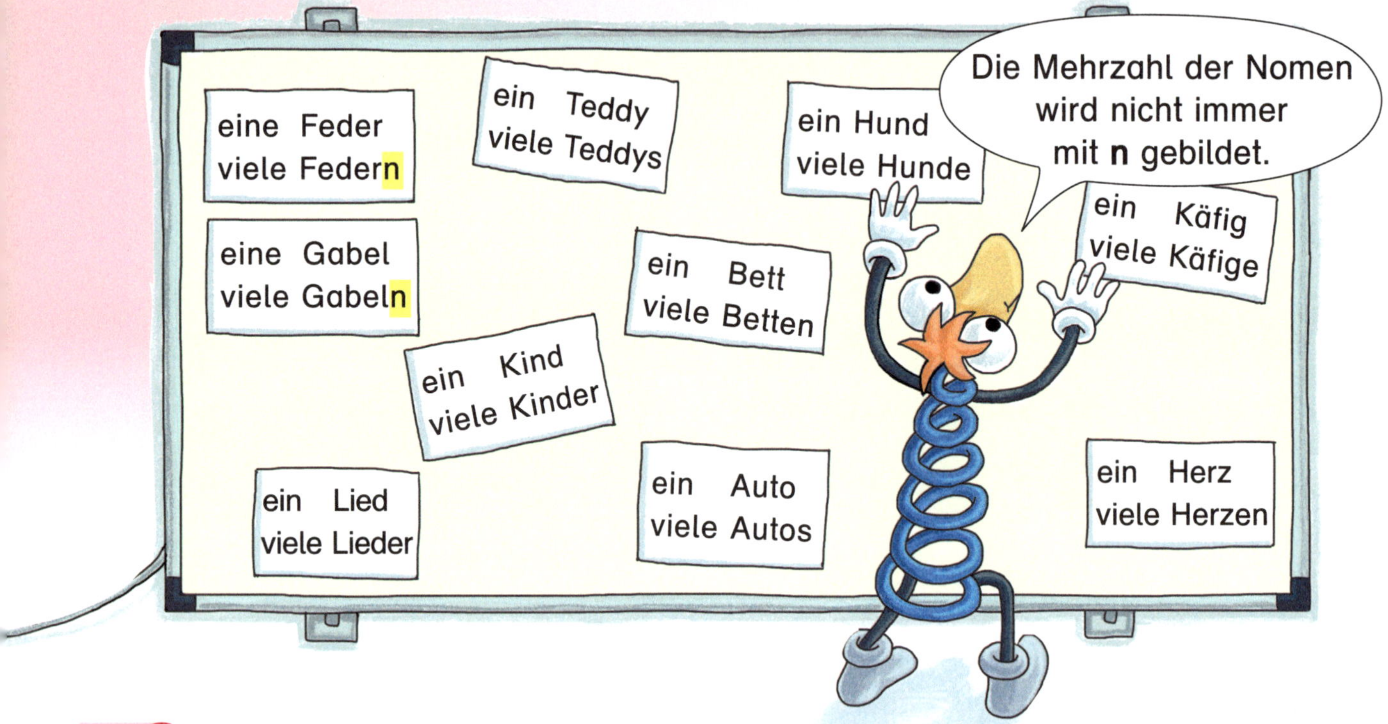

1 Sprich mit einem Partnerkind.
Was meint Flex?

____
Unterschrift Partnerkind

2 Welche Wortbausteine zeigen die Mehrzahl an? Markiere im Bild.

3 Ordne die Nomen aus dem Bild.

Mehrzahl von Nomen mit …		
	-e	
	-en	
	-er	
	-s	
	-n	viele Federn,

Die meisten Nomen gibt es in der **Einzahl** und **Mehrzahl**:
ein Tisch, viele Tische.
Die Mehrzahl bildest du mit verschiedenen **Wortbausteinen**:
-e: ein Hund – viele Hunde, **-en**: eine Tür – viele Türen,
-er: ein Kind – viele Kinder, **-s**: ein Auto – viele Autos,
-n: eine Feder – viele Federn.
Einige Nomen verändern sich gar nicht: der Zettel – die Zettel.

4 Was hat sich bei den Nomen in der Mehrzahl verändert? Markiere.

Bei manchen Nomen verändern sich in der **Mehrzahl** auch
die Selbstlaute **a**, **o**, **u** und **au**.
a → ä: die Bank – die Bänke, **u → ü**: der Busch – die Büsche,
o → ö: der Frosch – die Frösche, **au → äu**: der Baum – die Bäume.

Du erkennst die Mehrzahl am **Artikel** die
und an **Zahlwörtern** (drei, zehn, ..., viele, einige, mehrere, ...).

5 Markiere die Selbstlaute **a**, **o** und **u** in den Nomen.

der Mann der Kopf das Buch der Ball
der Rock der Zug der Wald der Koch der Fuß

6 Bilde zu den Nomen von Aufgabe 6 die Mehrzahl.
Schreibe sie mit bestimmtem Artikel geordnet ins Heft.

a – ä: Mann – Männer, ...
o – ö: ...
u – ü: ...

7 Welche Nomen verändern sich in der Mehrzahl nicht? Markiere.

die Wiese der Löffel der Teppich das Messer
der Kuchen die Lampe der Computer

 Datum: ____________

1 Setze passende Nomen in Einzahl oder Mehrzahl ein.

Das Affenbaby wurde von einem  Floh gebissen.

Die Affenmama hat schon einige  __________ gefunden.

Der kleine Affe spielt am liebsten mit einem  Sack.

Er hat schon viele  __________ zerrissen.

Der Affenpapa schläft unter einem großen  __________.

Einige Affenkinder klettern fröhlich in den  __________.

2 Finde zu jedem Bild das Nomen.
Schreibe es in der Mehrzahl an die richtige Stelle.

Mehrzahl mit **-en**: P a p a g e i e n   E i _ _ ä _ _ _

Mehrzahl mit **-er**: _ _ s _ _ _ n _ _   H _ h _ _ _

Mehrzahl mit **-n**: _ _ r _ _ _ _ _   _ _ w _ _

Mehrzahl mit **-s**: Z _ b _ _ _   _ ä _ _ u _ _ _

Mehrzahl mit **-e**: _ _ l _   _ i _ _ _ _ _

Mehrzahl ohne Veränderung: _ i _ _ _   _ g _ _

3 Manche Nomen haben eine besondere Mehrzahl.
Schlage die Wörter im Wörterbuch nach.
Schreibe sie in der Einzahl und Mehrzahl ins Heft: das Album – die Alben, ...

das **Album** das **Museum** das **Thema** das **Lexikon** der **Globus** der **Atlas**

Semantische passende Nomen in Sätze einsetzen
Zu Bildern Nomen in der Mehrzahl bilden
Veränderung im Selbstlaut bei der Mehrzahlbildung beachten

KV 22
Fö 26/Fo
HR

Die Mehrzahl erkennen

Datum: ______________

1 Setze passende Nomen in der Mehrzahl ein.

In unserem Garten wachsen viele Blumen.

Auf meinem Schreibtisch liegen mehrere ______________.

Meine Mama hat vier ______________ in der Küche.

Ich habe heute Morgen drei ______________ gegessen.

Im Regal stehen einige ______________.

2 An welchen Wörtern von Aufgabe 1 erkennst du, dass die Nomen in der Mehrzahl stehen müssen? Markiere.

3 Setze ein: **Tisch** oder **Tische**.

In unserer Klasse gibt es viele Tische.

An der Tür steht ein kleiner ______________ für die Getränke.

Am Fenster stehen mehrere ______________ für die Computer.

Unter dem ______________ für den Drucker ist noch ein Regal für das Papier. Im Gruppenraum gibt es zwei runde ______________.

Jedes Kind in der Klasse sitzt an einem einzelnen ______________.

Der ______________ für unsere Lehrerin steht an der Wand.

4 An welchen Wörtern von Aufgabe 3 erkennst du, dass du die Mehrzahl von **Tisch** schreiben musst? Markiere.

5 An welchen Wörtern erkennst du noch, dass ein Nomen in der Mehrzahl stehen muss? Sammle sie auf einem Plakat.

Verben bilden

Datum: ____________

1 Sprich mit einem Partnerkind.
Was bleibt bei den Verben gleich?
Was verändert sich? Wie verändert es sich?

____
Unterschrift Partnerkind

2 Schreibe die Formen der Verben in die Tabelle.
Markiere den Wortstamm. Kreise die Wortbausteine am Ende ein.

Grundform / Person	malen	melden	ärgern
ich	male		
du			
er/sie/es			
wir			
ihr			
sie			

Personalformen nennt man auch gebeugte Formen.

Verben haben eine **Grundform**: sagen, reden, zaubern
und **Personalformen**: ich sage, er sagt, ..., du redest, ihr redet, ...
In der Personalform verändern sich die **Wortbausteine** am Ende.
Für die **Verbprobe** nutzt du die Personalform:
sagen ist ein Verb: ich sage, du sagst, wir sagen.

Verben in der Grundform und in der Personalform kennenlernen
Den Wortstamm erkennen
Veränderungen in den Personalformen kennenlernen

Fö 16
HR

Datum: ______________

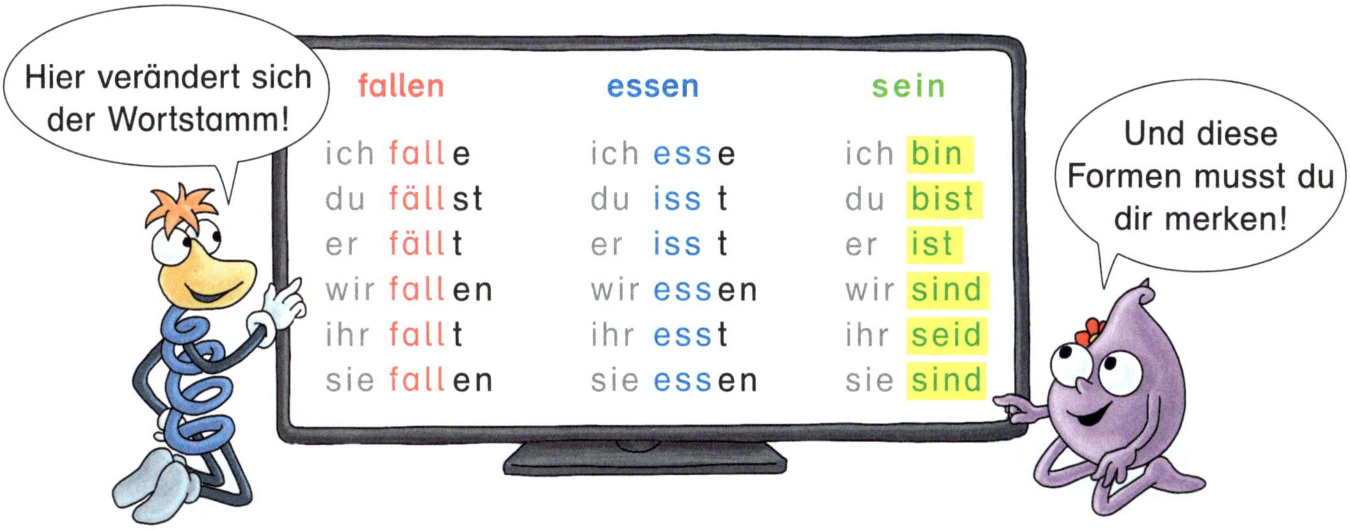

3 Schreibe die Formen der Verben in die Tabelle.
Markiere den Wortstamm. Kreise die Wortbausteine am Ende ein.

Grundform / Person	laufen	helfen	lesen
ich	laufe		
du	läufst		
er/sie/es			
wir			
ihr			
sie			

4 Welche Verbformen gehören zusammen? Kreise in der gleichen Farbe ein.

du siehst	ich habe	wir dürfen	ich sehe	du hast
sie sieht	wir haben	du darfst	ihr dürft	wir sehen

In den Personalformen kann sich der **Wortstamm** des Verbs **ändern**:
fallen – du **fäll**st, er **fäll**t, **essen** – du **iss**t, er **iss**t.
Die Personalformen des Verbs **sein** musst du dir merken:
ich bin, du bist, er/sie/es ist, wir sind, ihr seid, sie sind.

Datum: ____________

1 Bilde mit den Wörtern sechs Sätze.
Schreibe sie ins Heft.

ich	schlafen	in der Hängematte
du	lesen	im Garten
er/sie/es	graben	in der Küche
wir	essen	in unserem Baumhaus
ihr	laufen	im Sandkasten
sie	sehen	auf dem Dachboden
	waschen	

2 Setze die Personalformen der Verben in die Sätze ein.
Welche Buchstaben haben sich
im Wortstamm verändert? Markiere.

helfen	Kasim hilft seinem Opa.
sehen	Merle ____________ einen Schmetterling.
lesen	Marius ____________ ein spannendes Buch.
fallen	Ben ____________ vom Schwebebalken.
essen	Du ____________ aber viele Brötchen!
schlafen	____________ du immer so lange?

3 Schreibe die Grundform der Verben.

du schwimmst	es regnet	ihr flüstert	sie wandert
du frierst	du klebst	es frisst	ich kenne

schwimmen, ____

____

____

Sätze bilden und Verben in die Personalform setzen
Verben in vorgegebenen Sätzen in der Personalform einsetzen KV 25
Die Grundform von Verben bilden und schreiben Fö 30

4 Setze die Personalformen von **sein** in die Sätze ein.

Ich bin im Bett. | Wir ______ im Zoo.
Du ______ in der Küche. | Ihr ______ in der Eisdiele.
Er ______ glücklich. | Sie ______ sehr mutig.

5 Setze die Personalformen der Verben **sein** und **haben** in den Text ein.

sind	ist	~~haben~~	hat	haben	bist

Heute haben wir Sportunterricht bei Frau Scholl.

Wir ______ in der großen Turnhalle.

Das ______ toll, weil wir hier so viel Platz ______.

Frau Scholl ______ bunte Tücher in der Hand.

Nico sagt: „Hoffentlich ______ du mit mir in einer Gruppe!“

6 Markiere in jedem Satz das Verb.
Mache die Verbprobe.

Lana spielt am Wochenende Hockey.
Sie hat ein wichtiges Turnier.
Oma ist bei Lanas Familie zu Besuch.
Sie steht mit Lanas Bruder auf der Tribüne.
Endlich fällt ein Tor für Lanas Mannschaft.
Lanas Bruder jubelt laut.
Alle sind glücklich.

7 Was passiert in der Schule?
Schreibe sechs Sätze ins Heft.
Markiere die Verben.
Ich schreibe in mein Heft. ...

Wortbausteine vor Verben setzen

1 Sprich mit einem Partnerkind.
Was meinen Flex und Flora?

____
Unterschrift Partnerkind

2 Lies die Sätze. Kreuze das passende Verb an.

Nina muss in Mathe besser ☐ anpassen. ☒ aufpassen.

Nele soll das Licht ☐ anmachen. ☐ vormachen.

Henrik will sein altes Fahrrad ☐ verkaufen. ☐ abkaufen.

3 Setze die Verben getrennt und in der passenden Form in die Sätze ein.

vorlesen	abkaufen	abschreiben	ausrechnen

Büsra schreibt das Gedicht noch einmal ab .

Martin __________ seine Geschichte __________ .

Nick __________ die Matheaufgabe __________ .

Mama __________ dem Mann das Fahrrad __________ .

Verben ändern ihre Bedeutung, wenn man **Wortbausteine** davorsetzt:
laufen – **aus**laufen, **ver**laufen, …
In Sätzen musst du manchmal die Wortbausteine von den Verben trennen:
Die Flasche läuft aus. Die Flasche soll nicht auslaufen.

Wortbausteine vor Verben kennenlernen
Erkennen, dass Verben mit verschiedenen Wortbausteinen beginnen können und dass sich dadurch die Wortbedeutung verändern kann

Fö 33
HR

Verben mit Wortbausteinen bilden

Datum: ______________

1 Setze die Wortbausteine vor die Verben und bilde neue Verben.
Markiere die Wortbausteine am Wortanfang.

ab- | an- | auf- | be- | mit- | vor- | ver-

nehmen | schreiben

nehmen: abnehmen, ______________

schreiben: ______________

2 Setze das Verb **nehmen** mit passenden Wortbausteinen von Aufgabe 1 ein.

Am Sonntag will ich mir nichts vornehmen.

Mit der App kann man Filme ______________.

Es ist Vollmond. Ab jetzt wird der Mond ______________.

Darf Silja ihr Handy zur Schule ______________?

Wir sollen ein Paket für unsere Nachbarn ______________.

3 Setze das Verb **schreiben** mit passenden Wortbausteinen von Aufgabe 1 ein.

Soll ich dir den Weg zum Zoo beschreiben?

Auf einem Schmuckblatt darf ich mich nicht ______________.

Um nichts zu vergessen, muss ich es ______________.

Wir sollen die Hausaufgaben von der Tafel ______________.

Von dir lasse ich mir gar nichts ______________!

4 Setze vor das Verb **fahren** Wortbausteine von Aufgabe 1.
Schreibe die Wörter ins Heft: mitfahren, …
Bilde mit diesen Verben fünf Sätze.

Verben mit Wortbausteinen trennen

Datum: ____________

1 Diese Verben mit Wortbausteinen werden in Sätzen getrennt.
Setze sie getrennt und in der passenden Form ein.

aufstehen	Mein kleiner Bruder steht um 7 Uhr auf.
anziehen	Mama __________ ihm eine Hose __________.
umkippen	Beim Frühstück __________ er seine Tasse __________.
anmalen	Im Kindergarten __________ er ein Haus __________.
aufessen	Mittags __________ er seine Portion Nudeln __________.

2 Bilde Verben mit Wortbausteinen.
Setze sie zusammen und getrennt in die Sätze ein.

kaufen	~~schreiben~~	bauen	räumen

In der Schule sollen wir einen Text abschreiben.

Ich schreibe __________ zuerst die Überschrift __________.

Im Sportunterricht müssen wir zuerst die Geräte __________.

Ich __________ den Schwebebalken __________.

Abends muss ich mein Kinderzimmer __________.

Ich __________ nicht gern __________.

Am Samstag will ich mit meiner Mutter auf dem Markt __________.

Dort __________ wir am liebsten __________.

3 Was musst du in der Schule tun? Schreibe fünf Sätze ins Heft. Verwende Verben mit Wortbausteinen.
Schreibe die Verben einmal zusammen und einmal getrennt.
Ich muss meine Jacke aufhängen. Jan hängt seine Jacke auch auf.

Verben mit ver- und vor- gebrauchen

Datum: ____________

1 Bilde mit den Wortbausteinen **ver-** und **vor-** neue Verben. Schreibe.

laufen	schicken	lassen	lesen	sagen	drehen

ver-	vor-
verlaufen,	vorlaufen,

2 Suche dir zwei Kinder für eine Gruppe.
Sammelt Verben mit den Wortbausteinen
ver- und **vor-**. Schreibt sie ins Heft.

____
Unterschrift Gruppenkinder

3 Setze die Verben mit **ver-** oder **vor-** passend in die Sätze ein.
Markiere die Wortbausteine.

laufen

Bei der Wanderung will Malte als Erster an der Hütte sein.
Er läuft ____ immer 50 Meter vor ____.
Mara kennt den Weg nicht und ____ sich.

lesen

Papa und ich ____ uns oft Geschichten ____.
Wenn ich viel übe, ____ ich mich
beim Vorlesewettbewerb bestimmt nicht.

lassen

An der Kasse ____ Mama die Frau
mit dem weinenden Baby ____. So warten die
beiden nicht lange und ____ den Laden schnell.

4 Es gibt einen Unterschied zwischen den Wortbausteinen
ver- und **vor-**. Untersuche mit einem Partnerkind
die Verben von Aufgabe 3.

____
Unterschrift Partnerkind

Mit Adjektiven beschreiben und vergleichen

Datum: ____________

1 Sprich mit einem Partnerkind.
Beantwortet Floras Frage.

____
Unterschrift Partnerkind

2 Schau dir die Bilder an und ergänze die Sätze.

 Der Vogel fliegt schnell.

 Das Flugzeug fliegt (noch) schneller ____________.

 Die Rakete fliegt am ____________.

 Der Igel ist klein.

 Die Schnecke ist (noch) ____________.

 Die Ameise ist am ____________.

3 Markiere in Aufgabe 2 die Veränderungen der Adjektive in der 1. und 2. Vergleichsstufe.

Mit Adjektiven kannst du beschreiben und vergleichen.
Adjektive können in der Grundform oder in der gesteigerten Form stehen:
Grundform: klein,
1. Vergleichsstufe: kleiner,
2. Vergleichsstufe: am kleinsten.
Manche Vergleichsstufen musst du dir merken:
gut, besser, am besten – viel, mehr, am meisten – hoch, höher, am höchsten.

Vergleichsstufen der Adjektive kennenlernen
Mit Adjektiven beschreiben
Wortbausteine für Vergleichsstufen der Adjektive erkennen

Fö 37
HR

4 Vergleiche die Gegenstände mit den Adjektiven **teuer** und **billig**.
Setze sie in der passenden Form mit **als** oder **wie** ein.

 8 €

 3 €

 6 €

 6 €

Das Buch ist teurer als der Ball.

Der Teddy ist ________ ________ das Buch.

Das Auto ist genauso ________ wie das Buch.

Das Buch ist billiger ________ der Teddy.

Der Ball ist ________ ________ das Buch.

Wenn du etwas vergleichst und es ist gleich, benutzt du **wie**:
Das Haus ist genauso hoch wie der Baum.
Wenn du etwas vergleichst und es gibt Unterschiede, benutzt du **als**:
Das Haus ist höher als der Baum.

5 Vergleiche die Kinder mit dem Adjektiv **alt**.
Setze die Adjektivform passend mit **als** oder **wie** ein.

Nils ist älter als ________.

Jens ist genauso ________ ________ ________.

Jens ist ________ ________ ________.

Pia ist am ________.

6 Vergleiche die Kinder von Aufgabe 5 mit dem Adjektiv **jung**. Schreibe ins Heft.

Datum: ______________

Grundform und Vergleichsstufen bilden

1 Schreibe die fehlenden Formen der Adjektive.

Grundform	1. Vergleichsstufe	2. Vergleichsstufe
hell	noch	
	noch enger	
	noch	am schwersten
lieb	noch	
	noch	am höchsten
	noch wilder	

2 Setze Adjektive von Aufgabe 1 in der passenden Form ein.

Um 5 Uhr morgens ist es schon ein bisschen hell ______________.

Um 6 Uhr ist es schon etwas ______________.

Mittags um 12 Uhr ist es am ______________.

Der Stein ist ______________.

Die Kiste ist noch ______________.

Der Elefant ist ______________.

Das Wohnhaus ist sehr ______________.

Der Rathausturm ist viel ______________.

Der Fernsehturm aber ist ______________.

3 Bilde Sätze mit den Adjektiven. Schreibe sie ins Heft.

viel – mehr – am meisten	gut – besser – am besten

 Datum: ____________

1 Setze die Adjektive in den Vergleichsstufen mit **als** oder **wie** ein.

Endet ein Adjektiv mit **-er**, benutzt du **als**. Sonst benutzt du **wie**.

heiß – kalt

Der Tee ist heißer als das Wasser.

Das Wasser ist kälter ______ der Kakao.

Der Kakao ist genauso heiß ______ der Tee.

Das Wasser ist kälter ______ der Tee.

groß – klein

Der Igel ist ______ ______ das Schaf.

Die Katze ist ______ ______ der Igel.

Die Katze ist ______ ______ das Schwein.

Das Schaf ist so ______ ______ das Schwein.

2 Setze die Adjektive **gut, besser, am besten** ein.

Marlene gefällt die Mal-App gut.

Finn gefällt die Mal-App ______.

Franka gefällt die Mal-App ______.

Die Tanz-App gefällt ihr ______.

Finn gefällt die Tanz-App ______.

Marlene
Mal-App ☺
Tanz-App ☺☺☺

Finn
Mal-App ☺☺
Tanz-App ☺☺

Franka
Mal-App ☺☺☺
Tanz-App ☺

3 Setze die Adjektive **viel** oder **groß** in den passenden Formen ein. Schreibe ins Heft.

Ivo sammelt Tierfiguren. Von all seinen Freunden weiß er ? über Tiere.
Anne sammelt Sticker. Ivo hat auch ? Sticker, aber Anne hat ? Sticker.
Mias Stickersammlung ist ? als Ivos.
Randi hat ? Kuscheltiere. Aber Theo hat ? Kuscheltiere.
Theos Bett müsste ? sein, damit alle Kuscheltiere hineinpassen.

Wörtliche Rede und Satzzeichen verwenden

Datum: ____________

1 Sprich mit einem Partnerkind.
Beantwortet Floras Frage. Was hat euch geholfen?

2 Wer sagt was? Schau dir die Kinder genau an und ergänze die Sätze.

Linn ruft : „ Die Ostsee wäre toll ! “

____________ sagt : „ Ich möchte lieber in den Bergen klettern . “

____________ fragt : „ Wie viele Kinder schlafen in einem Zimmer ? “

Der **Begleitsatz** sagt dir, wer spricht. Er endet mit einem **Doppelpunkt :**.
Linn ruft: „Die Ostsee wäre toll!“
Was gesprochen wird, heißt **wörtliche Rede**.
Die wörtliche Rede steht in **Redezeichen „“**. Das erste Wort schreibst du groß.
Die Satzzeichen **. ? !** gehören auch zur wörtlichen Rede.

3 Setze Doppelpunkte, Redezeichen und Satzzeichen.
Unterstreiche die Begleitsätze **blau** und die wörtliche Rede **rot**.

Lenja ruft [:] [„] Mama, hör mal [!] [“]

Mama fragt [ ] [ ] Was gibt es denn [ ] [ ]

Lenja erzählt [ ] [ ] Wir machen eine Klassenfahrt zum Reiterhof [ ] [ ]

Mama sagt [ ] [ ] Toll, das freut mich [ ] [ ]

Wörtliche Rede kennenlernen
Sprechende Kinder der wörtlichen Rede zuordnen
Zeichen der wörtlichen Rede setzen

Fö 41, 42
HR

Begleitsätze ergänzen und zuordnen

Datum: ____________

1 Wer sagt was? Ergänze die Namen.

Lenja meint: „Ich nehme meinen Reiterhelm mit.“

__________ fragt: „Dürfen wir auch Musik mitnehmen?“

__________ meint: „Ich packe meinen grünen Rucksack.“

__________ ruft: „Ich fahre nicht ohne meinen Teddy weg!“

2 Unterstreiche in Aufgabe 1 die Begleitsätze blau und die wörtliche Rede rot.

3 Verbinde die Begleitsätze mit der wörtlichen Rede

Der Lehrer erinnert:	„Ich habe doch eine Pferdeallergie!“
Luca klagt:	„Wandern und klettern können alle Kinder.“
Emil fragt:	„Alle Kinder brauchen eine Regenjacke.“
Farid sagt:	„Wo ist denn der Reiterhof?“

4 Schreibe passende Begleitsätze zur wörtlichen Rede.
Denke dir Namen aus und suche passende Verben. Setze die Doppelpunkte.

__________ ☐ „Ich packe ein Kartenspiel ein.“

__________ ☐ „Hast du Gummistiefel?“

__________ ☐ „Oje, Gül ist nicht bei uns im Zimmer!“

5 Schreibe die Sätze von Aufgabe 3 und 4 ins Heft.
Unterstreiche die Begleitsätze blau
und die wörtliche Rede rot.
Markiere den Doppelpunkt :,
die Redezeichen „“ und die Satzzeichen . ? !.

1 Setze die Doppelpunkte :, Redezeichen „“ und Satzzeichen . ? ! .

Mona fragt Papa [:] [„] Kann Jan heute zu uns kommen [ ] [ ]

Papa antwortet [ ] [ ] Ja, nach den Hausaufgaben [ ] [ ]

Mona sagt [ ] [ ] Die wollen wir aber zusammen machen [ ] [ ]

Papa meint [ ] [ ] Super, dann backe ich Muffins [ ] [ ]

2 Schreibe das Gespräch mit Doppelpunkten, Redezeichen und Satzzeichen.

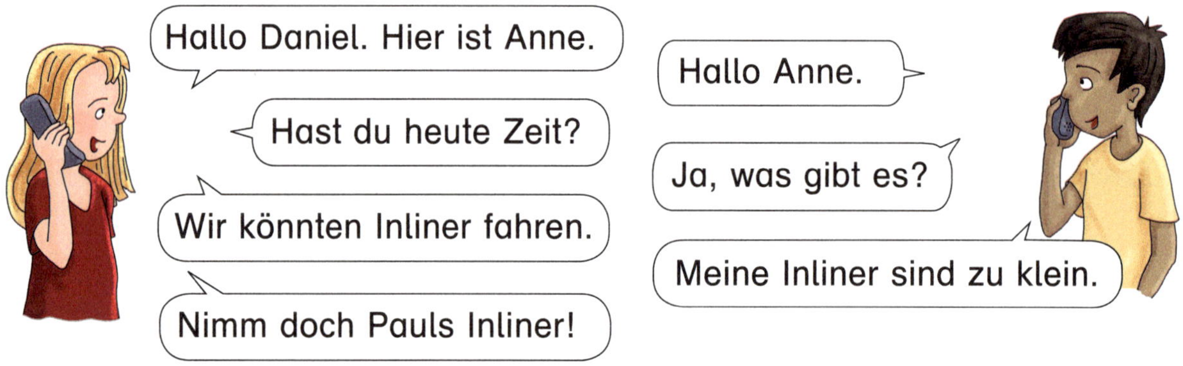

Anne sagt : „Hallo Daniel. Hier ist Anne.“

Daniel antwortet : ____________

Anne erkundigt sich ____________

Daniel fragt ____________

Anne schlägt vor ____________

Daniel klagt ____________

Anne meint ____________

3 Markiere in Aufgabe 2 die Doppelpunkte, Redezeichen und Satzzeichen.

4 Was fragen dich deine Oma oder dein Opa manchmal?
Schreibe fünf Sätze ins Heft.
Oma fragt : „ …

Datum: ____________

1 Setze die Zeichen der wörtlichen Rede und die Satzzeichen.

Fritzchen sagt [:] [ ] Der Apfel schmeckt überhaupt nicht [ ] [ ]

Mama fragt [ ] [ ] Hast du ihn denn gut abgewaschen [ ] [ ]

Fritzchen antwortet [ ] [ ] Ja, sogar mit Seife [ ] [ ]

2 Setze die Zeichen der wörtlichen Rede.

Mama sagt zu Fritzchen	Man sagt nicht Maul. Man sagt Mund.
Kurz darauf ruft Fritzchen	Mama, Mama! Papa und ich haben einen Mundwurf gesehen!

Die wörtliche Rede kann auch aus mehreren Sätzen bestehen.

3 Bilde zu jeder Sprechblase einen Begleitsatz.
Die Verben im Kasten helfen dir.
Schreibe das Gespräch mit den Zeichen der wörtlichen Rede ins Heft.

Fritzchen ruft : „ Papa, ich muss dir was sagen ! “ ...

rufen	antworten	schreien	sagen	meinen	fragen	erzählen

4 Unterstreiche im Heft die Begleitsätze **blau** und die wörtliche Rede **rot**.
Markiere den Doppelpunkt :, die Redezeichen „“ und die Satzzeichen . ? ! .

5 Wie könnte das Gespräch zwischen Fritzchen und Papa weitergehen?
Schreibe ins Heft.

Wortfelder erkennen

Datum: ____________

1 Sprich mit einem Partnerkind.
Was könnte Flora noch sagen?

____
Unterschrift Partnerkind

2 Welche Verben haben eine ähnliche Bedeutung wie **gehen**? Markiere.

bummeln	spielen	rennen	kochen	stolpern	sprinten
laufen	lachen	flitzen	lesen	eilen	watscheln
streiten	wandern	humpeln	stapfen	schleichen	spazieren

3 Setze passende Verben von Aufgabe 2 in der richtigen Personalform in die Sätze ein.

Der Mann mit dem Gipsbein ____________ über den Flur.

Die Kinder ____________ heimlich aus ihrem Zimmer.

Die Familie ____________ mit Rucksäcken durch den Wald.

Anna ____________ mit Opa durch die Geschäfte in der Stadt.

Wörter mit einer ähnlichen Bedeutung bilden ein **Wortfeld**:
rennen, schleichen, bummeln, … sind Wörter,
die etwas mit **gehen** zu tun haben.
Mit Wörtern aus einem Wortfeld kannst du genauer sagen, was du meinst.

Man kann Wörter auch nach **Oberbegriffen** ordnen.
Zum Beispiel ist **Obst** der Oberbegriff für Apfel, Banane, Kiwi, …

4 Schreibe Nomen zum Oberbegriff **Kleidung** ins Heft.
Kleidung: Hose, Rock, …

Verben zum Wortfeld *gehen* kennenlernen
Passende Verben aus einem Wortfeld in Sätze einsetzen
Nomen zu einem Oberbegriff finden

KV 37
Fö 47
HR

Verben nach Wortfeldern ordnen

Datum: ____________

1 Kreise die Verben aus den Wortfeldern **sehen**, **essen** und **putzen** mit jeweils einer Farbe ein.

anstarren	naschen	abwischen
fressen	fegen	beobachten
waschen	betrachten	schlingen
gucken	polieren	futtern
anschauen	zerkauen	saugen
glotzen	schlucken	aufwischen

2 Schreibe die Wörter von Aufgabe 1 geordnet in die Tabelle.

sehen	essen	putzen
anstarren		

3 Schreibe Verben zum Wortfeld **sagen**.

quatschen,

4 Lies einem Partnerkind die Verben von Aufgabe 3 vor. Sammelt gemeinsam weitere Verben zu diesem Wortfeld. Schreibe sie zu Aufgabe 3.

Unterschrift Partnerkind

Verben aus Wortfeldern verwenden

Datum: ____________

1 Schreibe passendere Verben hinter die Sätze.

betrachten	schmatzen	knabbern
blinzeln	fressen	~~beobachten~~

Hilal sieht die Tiere mit dem Fernglas. beobachten

Opa liegt am Strand und sieht in die Sonne. ____________

Im Museum sehen wir ein interessantes Bild. ____________

Beim Fernsehen essen wir gern Nüsse. ____________

Der Löwe isst gierig seine Beute. ____________

Ronjas kleiner Bruder isst laut. ____________

2 Schreibe die Sätze von Aufgabe 1 mit den passenderen Verben ins Heft.
Manchmal musst du das Verb verändern: Hilal beobachtet die Tiere mit dem Fernglas.

3 Welches Wort aus dem Wortfeld **fahren** passt?
Setze die Verben in die Sätze ein.

lenken	~~rasen~~	reisen	tuckern	sausen

Die Rennfahrerin rast über die Rennstrecke.

Das Hausboot ____________ langsam über den Fluss.

Mit den Fahrrädern ____________ wir schnell den Berg hinunter.

In diesem Jahr ____________ wir mit dem Zug in den Urlaub.

Der Busfahrer ____________ den Bus vorsichtig um die Kurve.

4 Spiele einem Partnerkind fünf Verben aus dem Wortfeld **gehen** vor. Dein Partnerkind muss raten, welches Verb du spielst.

____
Unterschrift Partnerkind

13

Passende Verben aus Wortfeldern in Sätze einsetzen
Sätze mit passenden Verben aus einem Wortfeld schreiben
Verben aus einem Wortfeld szenisch darstellen

KV 39
Fö 48/Fo

Oberbegriffe und Wortfelder verwenden

Datum: ____________

1 Welches Wort passt nicht in die Reihe? Streiche es durch.

a) Hockey Basketball Tischtennis Baustelle Tennis Handball

b) Auto Elefant Giraffe Löwe Nashorn Affe

c) Mütze Schal Nudel Hose Jacke Schuhe

d) grün rot orange blau sauer pink

2 Finde Oberbegriffe für die Wörter von Aufgabe 1.
Schreibe.

a) Sportarten c) ____________

b) ____________ d) ____________

3 Welches Adjektiv gehört zu welchem Wortfeld?
Schreibe die Adjektive geordnet in die Tabelle.

~~herrlich~~ klitzeklein hübsch haushoch
winzig gigantisch wunderschön riesig schmal

schön	groß	klein
herrlich		

4 Setze passende Adjektive von Aufgabe 3 in die Sätze ein.

Von der Plattform haben wir eine herrliche Aussicht.

Der Sonnenuntergang ist ____________.

Die neue Achterbahn ist ja wirklich ____________.

Nomen durch Adjektive erkennen

Datum: ____________

1 Sprich mit einem Partnerkind.
Was macht Flora?

____
Unterschrift Partnerkind

2 Welche Wörter sind Nomen und werden großgeschrieben?

a) Mache die Nomenprobe mit **ein / eine** und **viele**: eine Tasse – viele Tassen.
Markiere den Anfangsbuchstaben der Nomen und verbessere sie.

T ~~t~~asse	schön	hart	maus	nett	tulpe	bäcker	emma

b) Mache die Nomenprobe mit Adjektiv: toller Opa – passt, toller mag – passt nicht.
Markiere die Anfangsbuchstaben der Nomen und verbessere sie.

Mein (toller) O ~~o~~pa ( ) mag ( ) nudeln ( ) mit ( ) soße.

Ein Nomen kannst du auf verschiedene Arten erkennen:
- Nomen sind Wörter für Menschen, Tiere, Pflanzen und Dinge: Kind, Garten.
- Du kannst **ein / eine** oder **viele** vor das Nomen setzen: **ein** Kind – **viele** Kinder.
- Du kannst ein Adjektiv vor das Nomen setzen. Das Adjektiv musst du verändern: Das **kleine** Kind spielt im **kleinen** Garten.

Die Nomenprobe mit dem Adjektiv kennenlernen
Die Nomenprobe mit *ein / eine* und *viele* wiederholen
Nomenproben anwenden

Fö 50

Datum: ____________

das Auto	die Liebe	die Ärztin	die Ferien
der Traum	die Kälte	das Glück	das Getreide
der Freund	die Spinne	die Angst	der Baum

3 Kreise die Nomen für Menschen, Tiere, Pflanzen oder Dinge auf Floras Tafel ein. Markiere die anderen Nomen.

4 Schreibe die markierten Nomen von oben mit Artikel.
Mache die Nomenprobe mit dem Adjektiv **groß**.

der	große	Traum

Nomen können auch Wörter für **Gefühle**, **Zustände** und **Zeiten** sein: das Glück, der Hunger, die Ferien.

5 Markiere die Anfangsbuchstaben der Nomen von Aufgabe 4.

6 Mache die Nomenprobe mit Adjektiv.
Markiere die Anfangsbuchstaben der Nomen und verbessere sie.

Wir ( ) feiern ( ) am ( ) samstag ( ) ein ( ) fest.

Nomen für Gefühle und Zustände erkennen

Datum: ____________

1 Verbinde die Bilder mit den passenden Nomen.

die Traurigkeit
der Gestank
der Winter
der Durst

das Glück
die Idee
das Gewitter
die Wut

2 Beweise, dass die Wörter von Aufgabe 1 Nomen sind. Mache die Nomenprobe mit Adjektiv.

Du kannst die Nomenprobe mit Adjektiv mit verschiedenen Adjektiven machen: die gute Idee, der große Durst, ...

die	tiefe	Traurigkeit

3 Markiere die Anfangsbuchstaben der Nomen von Aufgabe 2.

4 Schreibe Sätze zu vier Nomen ins Heft.
Setze immer ein passendes Adjektiv vor das Nomen.
Ella erzählt einen lustigen Witz.

Witz   Hitze   Hunger   Überraschung   Schreck   Langeweile   Ärger

1 Ordne die Nomen für Zeiten.

Herbst	Mittag	Frühling	Ferien	November	Nachmittag
Geburtstag	Abend	Pause	Sommer	August	März

Jahreszeiten: ______________________________

____

Monate: ______________________________

____

Tageszeiten: ______________________________

____

Besondere Zeiten: ______________________________

____

2 Ergänze noch weitere Nomen für Zeiten in Aufgabe 1.

3 Welche Wörter müssen großgeschrieben werden?
Markiere die Anfangsbuchstaben und schreibe richtig.

ein heißer sommer   ein stürmischer tag   der schöne mai

ein heißer Sommer, ______________________________

____

die tiefe, dunkle nacht
die aufregenden, langen Ferien

Manchmal stehen vor einem Nomen auch mehrere Adjektive.

____

____

Datum: ____________

1 Mache die Nomenprobe mit dem Adjektiv **toll**.
Markiere die Nomen und schreibe die Sätze.

Die (tolle) klasse ( ) geht ( ) jeden ( ) tag ( ) zur ( ) schule. (3)

Die Klasse

Die meisten kinder haben interesse am sportunterricht. (3)

Aber auch die geschichten im deutschunterricht mögen viele. (2)

Unsere lehrerin hat ideen und ihre stunden machen spaß. (4)

2 Mache die Nomenprobe mit Adjektiv
und markiere in jeder Zeile die Nomen.
Verbessere den ersten Buchstaben der Nomen.

B ~~b~~äume	vorher	tage	hund	auch
mädchen	butter	sitzt	wärme	kommt
tische	glück	heiß	kinder	neben
mäuse	süß	dienstag	gras	schläft
lehrer	läuft	frieden	fahrrad	vom
zwischen	minute	strand	links	löwen

Mithilfe der Nomenprobe mit Adjektiv
Konkreta und Abstrakta identifizieren

3 Ordne die Wörter von Aufgabe 2.

Menschen: ______________________________

Tiere: ______________________________

Planzen: ______________________________

Dinge: ______________________________

Zeiten: ______________________________

____

Gefühle und Zustände: ______________________________

____

4 Schreibe zu den **Zeiten** und den **Gefühlen und Zuständen** von Aufgabe 3 noch jeweils drei weitere Wörter.

5 Welche Wörter musst du großschreiben?
Mache die Nomenprobe mit Adjektiv. Verbessere die Fehler.

Vor dem ~~f~~Fußballspiel haben alle ~~a~~Angst.

Unsere mannschaft hatte zuletzt pech.

Die gegner haben ärger gemacht.

Aber unser torwart hat heute mut.

Der hat sogar wut im bauch.

Und alle spielerinnen haben energie.

Viele Zuschauer sind da und wünschen uns den Sieg.

6 Wie hast du die Nomen in Aufgabe 5 erkannt?
Erkläre es einem Partnerkind.

____
Unterschrift Partnerkind

Präsens und Präteritum kennenlernen

Datum: ______________

An bestimmten Wörtern erkenne ich **früher** oder **heute**.

Was ich früher machte

Früher spielte ich mit Bauklötzen.
Ich malte Kringel und Kreise.
Damals schlief ich in einer Wiege.

Heute spiele ich mit Autos.
Ich male Flugzeuge und Schiffe.
Jetzt schlafe ich einem Bett.

1 Sprich mit einem Partnerkind.
Was meint Flex?

____
Unterschrift Partnerkind

2 Unterstreiche die Verben im Bild **rot**, die sagen, was Flora **früher** machte, und die Verben im Bild **blau**, die sagen, was Flora **heute** macht.

3 Setze die Verben in die Sätze ein.

besuchte
besuche
~~trug~~
trage

Früher trug ______ ich oft Latzhosen.
Heute ______ ich gern Jeans.
Damals ______ ich Oma und Opa.
Jetzt ______ ich auch meine Freunde.

4 An welchen Wörtern oder Wortgruppen in Aufgabe 3 erkennst du noch, ob etwas früher passierte oder heute passiert? Kreise ein:
rot, wenn etwas **früher** passierte, und **blau**, wenn etwas **heute** passiert.

Wenn etwas heute passiert, verwendest du die Verben im **Präsens**: Ich male ein Bild.
Wenn etwas früher passierte, verwendest du die Verben im **Präteritum**: Ich malte ein Bild.

Viele Verben sind regelmäßig: ich malte, ich spielte, …
Einige Verben sind unregelmäßig: ich schlief, ich aß, …
Bei ihnen ändert sich der Wortstamm.

Präsens ist Gegenwart. Präteritum ist Vergangenheit.

Regelmäßige Verben im Präteritum bilden

Datum: ____________

1 Bilde zu den Verben **fragen** und **hoffen** Präsens und Präteritum. Schreibe.

Person	Präsens – Präteritum	Präsens – Präteritum
ich	frage – fragte	hoffe –
du	fragst – fragtest	–
er/sie/es	fragt –	–
wir	fragen –	–
ihr	fragt –	–
sie	fragen –	–

2 An welchen Wortbausteinen erkennst du das Präteritum? Markiere die Wortbausteine am Ende der Wörter von Aufgabe 1.

3 Setze die Verben im Präteritum in die Sätze ein.

machen
blättern
schmieren
~~frühstücken~~
decken

Wir frühstückten bei Oma in der Küche.

Elif ____________ den Frühstückstisch.

Oma ____________ in ihrer Zeitung.

Mama ____________ sich ein Brötchen mit Honig.

Dann ____________ wir gemeinsam einen Ausflug.

4 An welchen Wortbausteinen erkennst du das Präteritum? Markiere.

Wir besuchten einen mittelalterlichen Markt.
Elif verkleidete sich als Ritter.
Ich spielte bei einem Ritterturnier mit.
Mama schlenderte an den Marktständen vorbei.
Oma schenkte Mama eine Tasche aus Leder.

Unregelmäßige Verben im Präteritum bilden

Datum: ____________

1 Unterstreiche die Verben im Präteritum **rot**.

Ich lese Piratengeschichten.	Ich las Indianergeschichten.
Ich fahre oft mit Inlinern.	Ich fuhr oft mit dem Fahrrad.
Ich esse am liebsten Nudeln.	Ich aß am liebsten Kartoffelpuffer.
Ich bin am liebsten am See.	Ich war am liebsten im Garten.
Ich schreibe gern E-Mails.	Ich schrieb gern Postkarten.

2 Welche Verben im Präsens und Präteritum gehören zusammen?
Schreibe sie in der **wir**-Form.

~~sind~~	beißen	gaben	fahren	fallen	
geben	hatten	wissen	~~waren~~	fielen	haben
gehen	bissen	gingen	fuhren	wusten	

wir sind – wir waren

3 Setze passende Verben im Präteritum in den Text ein.
Schreibe ins Heft: Vor zwei Jahren …

So war es im Urlaub

Vor zwei Jahren ? wir mit der Bahn in den Urlaub.
Wir ? zehn Tage an der Ostsee.
Im Meer ? viele Quallen.
Jeden Tag ? wir ein Eis.
Am Strand ? wir unsere Nachbarn.
Das ? ein verrückter Zufall.

18-19

Präsens und Präteritum erkennen

1 Unterstreiche in den Sätzen die Verben im Präteritum **rot** und die Verben im Präsens **blau**.

Die Leute schrieben früher Briefe.
In der heutigen Zeit gibt es E-Mails und das Internet.
Postkutschen transportierten vor vielen Jahren die Briefe.
Das Telefon erfand Philipp Reis vor ungefähr 160 Jahren.
Telefone waren damals noch sehr groß. Zur damaligen Zeit hatten die Telefone eine Schnur. Die Menschen drehten vor 45 Jahren eine Wählscheibe. Heute telefonieren die meisten Menschen mit Smartphones.

2 An welchen Wörtern von Aufgabe 1 erkennst du noch, ob etwas **früher** passierte oder **heute** passiert? Kreise sie **rot** oder **blau** ein.

3 Setze die Verben im Präsens oder im Präteritum ein.

gehen	haben	schieben	fahren	wohnen

Als ich noch nicht laufen konnte, schob Papa mich im Kinderwagen.

Jetzt ____________ ich schon mein erstes Laufabzeichen.

Heute ____________ ich das erste Mal mit dem Rad zu meinem Freund.

Im letzten Jahr ____________ mein Freund noch in einer anderen Stadt.

Damals ____________ wir auch noch nicht in dieselbe Klasse.

4 Setze passende Verben im Präsens oder im Präteritum ein.
Schreibe ins Heft: a) Heute scheint …

a) Heute ? die Sonne.
Gestern ? die Sonne nicht.
b) Im Moment ? wir 800 m im Sportunterricht.
In der ersten Klasse ? wir noch nicht so weit.
c) Gerade jetzt ? es zur Pause.
Als Opa klein war, ? der Lehrer mit der Glocke.

1 Bilde die Personalformen des Verbs **sein** im Präsens und Präteritum. Schreibe.

ich war | du warst | wir waren | er war | ihr wart | sie waren

Person	Präsens	Präteritum
ich	Ich bin traurig.	Ich war traurig.
du	Du ____ fröhlich.	
er/sie/es	____ dreckig.	
wir	____ stark.	
ihr	____ lustig.	
sie	____ hungrig.	

2 Suche dir ein Partnerkind.
Lass dir von ihm einen Satz vorlesen.
Sage den Satz dann im Präteritum:
Ich war für eine Woche … .
Lass dir dann den nächsten Satz vorlesen.

____
Unterschrift Partnerkind

Ich bin für eine Woche bei Tante Marion. Wir sind oft im Schwimmbad. Meine Freundin Samira ist auch da. Dort sind noch viele andere Kinder. Sie sind alle sehr nett. An einem Tag bin ich bei Samira zu Besuch. Ihr kleiner Bruder ist auch da.

3 Schreibe passende Sätze im Präteritum ins Heft.

Heute bin ich neun Jahre alt. – Vor drei Jahren …
Wir sind mit dem Wohnwagen an der Ostsee. – Im letzten Sommer …
Im Moment ist Grün meine Lieblingsfarbe. – …

19

Das Präteritum des Verbs **sein** bilden
Einen Text mit dem Verb **sein** ins Präteritum setzen
Semantisch passende Sätze mit dem Verb **sein** schreiben

Fö 61

Datum: ____________

1 Lies den Text. Unterstreiche alle Verben im Präsens blau.

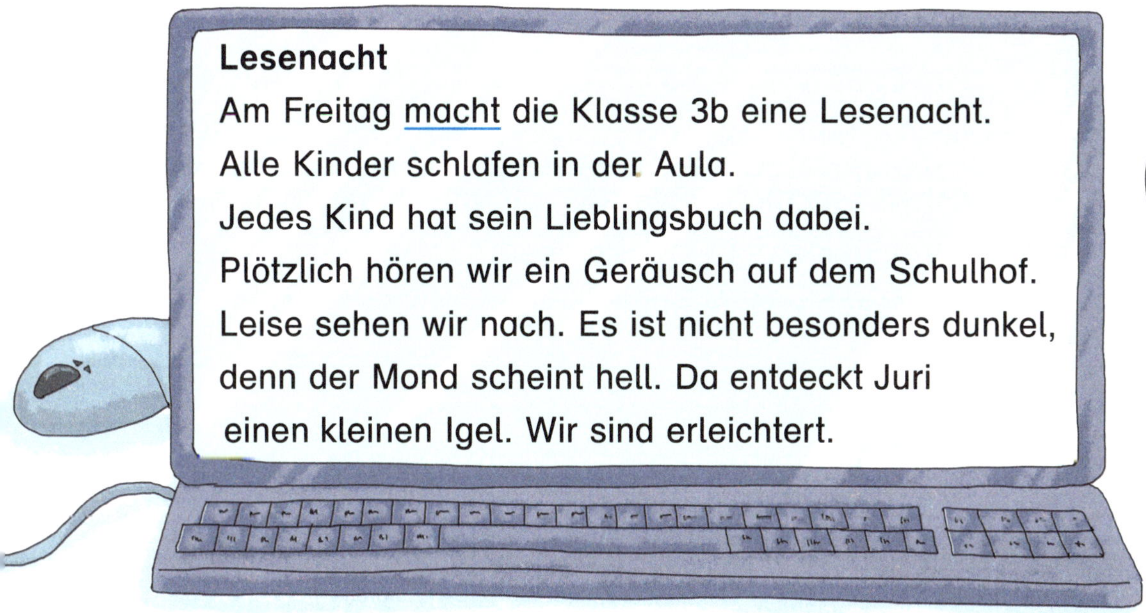

Lesenacht

Am Freitag macht die Klasse 3b eine Lesenacht.
Alle Kinder schlafen in der Aula.
Jedes Kind hat sein Lieblingsbuch dabei.
Plötzlich hören wir ein Geräusch auf dem Schulhof.
Leise sehen wir nach. Es ist nicht besonders dunkel,
denn der Mond scheint hell. Da entdeckt Juri
einen kleinen Igel. Wir sind erleichtert.

2 Schreibe den Text von Aufgabe 1 im Präteritum.

Am Freitag machte

3 Berichte von deinem letzten Ausflug.
Schreibe einen Text im Präteritum ins Heft.

Satzglieder erkennen und benennen: Prädikat und Subjekt

Datum: ____________

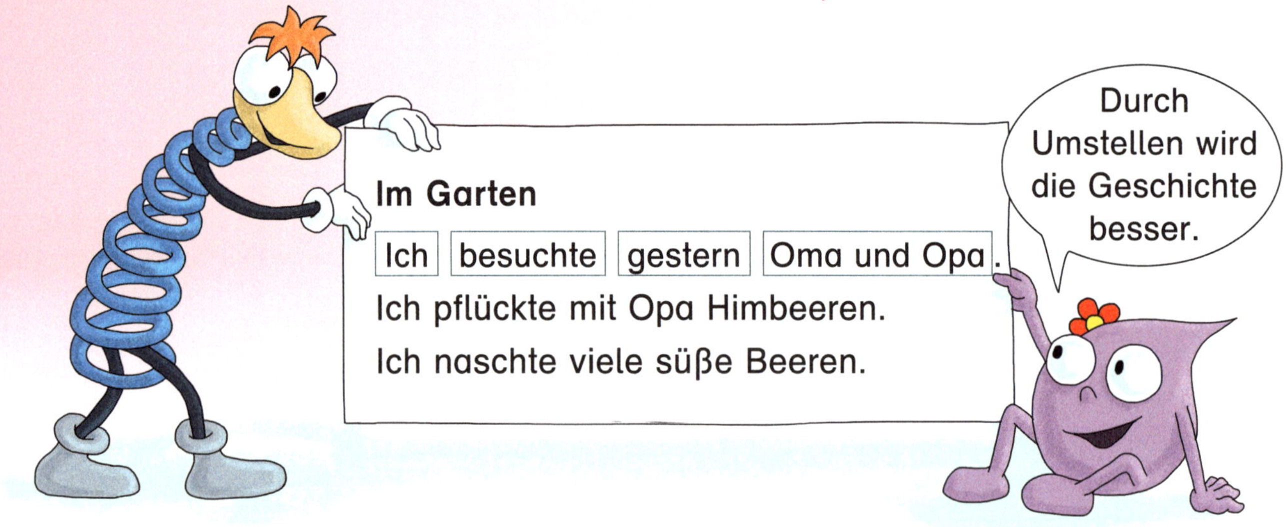

1 Sprich mit einem Partnerkind.
Was meint Flora?

____
Unterschrift Partnerkind

2 Wie kannst du den Satz umstellen? Bilde zwei Sätze und eine Frage.

Ich | besuchte | gestern | Oma und Opa .

Gestern _______________________________________ .

Oma und Opa ___________________________________ .

Besuchte ______________________________________ ?

3 Welche Wörter von Aufgabe 2 bleiben beim Umstellen immer zusammen?
Kreise sie ein.

4 Stelle die anderen beiden Sätze der Geschichte um. Schreibe sie ins Heft.
Welche Wörter bleiben beim Umstellen immer zusammen? Kreise sie ein.

Die Teile eines Satzes, die du umstellen kannst, heißen **Satzglieder**.
Die Wörter eines Satzgliedes bleiben bei der **Umstellprobe** immer zusammen.

Ich | besuchte | gestern | Oma und Opa .
Gestern | besuchte | ich | Oma und Opa .
Oma und Opa | besuchte | ich | gestern .
Besuchte | ich | gestern | Oma und Opa ?

Wer oder was spielt im Garten?
Wer oder was scheint?

Mein Bruder	spielt	im Garten.
Die Sonne	scheint.	
Der gelbe Ball	rollt	in das Blumenbeet.
Wir	liegen	in der Hängematte.
Der kleine Vogel	brütet	im Kirschbaum.

Was tut mein Bruder?
Was geschieht?

5 Unterstreiche in den Sätzen
wer oder was etwas tut blau,
was jemand tut oder **was geschieht** rot.

Sätze bestehen aus Satzgliedern: Mein Bruder | spielt | im Garten .
Nach dem **Prädikat** fragst du: Was tut jemand? Was geschieht?
Was tut mein Bruder? Er spielt – **spielt** ist das Prädikat.
Das Prädikat im Satz ist immer ein Verb.

Nach dem **Subjekt** fragst du: Wer oder was tut etwas?
Wer oder was spielt im Garten? Mein Bruder – **Mein Bruder** ist das Subjekt.

6 Setze die Satzglieder ein.

	Subjekt Wer oder was …?	**Prädikat** Was tut jemand? Was geschieht?	andere Satzglieder
das Auto	Der Mann	klingelt	an der Tür.
~~der Mann~~		füttern	ihre Jungen.
die Vögel		fährt	um die Kurve.
scheint	Meine Schwester	liegt	auf dem Sofa.
~~liegt~~	Die Sonne		am Himmel.
hängen	Viele Kirschen		am Baum.

Sätze bilden und umstellen

Datum: ______________

1 Suche dir ein Partnerkind für die Aufgaben 2 bis 4.

____
Unterschrift Partnerkind

2 Bildet unterschiedliche Sätze.
Bildet auch eine Frage.
Achtet auf die Großschreibung am Satzanfang und die Satzschlusszeichen.

Ich | esse | leckere Suppe | .
Esse | ich | leckere Suppe | ?
Leckere Suppe | esse | ich | .

schreibt | Mira | ein Gedicht

____
____
____

brüten | die Vögel | in der Hecke

____
____
____

3 Welche Wörter bleiben beim Umstellen immer zusammen? Probiert es aus.
Kreist die Satzglieder ein.

Wir | arbeiten | in unserer Klasse

Wir arbeiten in unserer Klasse mit Tablets.

Wir benutzen die zehn Tablets abwechselnd.

Viele Kinder rechnen mit den Tablets.

Ihr könnt die Wörter auch auf Karten schreiben.

4 Stellt die Satzglieder um und verbessert so den Text.
Zuerst fülle ich …

Ich fülle zuerst Wasser in meinen Becher.

Ich hole mir dann den Tuschkasten und den Zeichenblock.

Ich habe schon eine Idee für ein Bild. Ich male nun mein Bild.

5 Schreibt den verbesserten Text von Aufgabe 4 ins Heft.
Kreist die Satzglieder ein.

Prädikate erkennen und einsetzen

Datum: ____________

1 Unterstreiche in den Sätzen die Prädikate **rot**.

Die Affen klettern auf den Baum.
Der kleine Löwe schläft.
Die Seelöwen springen durch den Ring.
Die Kinder lachen.

2 Verbinde die Prädikate mit den passenden Satzgliedern.

Die Kinder	wartet	einige Besucher.
Der Seelöwe	stehen	die Tiere.
Im Eimer	beobachten	auf sein Futter.
Am Beckenrand	sind	viele Fische.

3 Unterstreiche in den Sätzen die Prädikate **rot**.

auffangen	Der Seelöwe fängt den Fisch auf.
zuhören	Alle hören dem Zoowärter zu.
aufpassen	Nur zwei Kinder passen nicht auf.
eingreifen	Nach einer Weile greift der Lehrer ein.

4 Setze die Prädikate in der passenden Personalform ein.

Die Klasse geht zum Bahnhof zurück.
Alle ____________ in den Zug ____________.
Einige Kinder ____________ die letzten Brote ____________.
Adrian ____________ ein paar Witze ____________.
Nach einer Stunde ____________ der Zug ____________.

~~zurückgehen~~
aufessen
vorlesen
ankommen
einsteigen

5 Was machst du im Zoo? Schreibe fünf Sätze ins Heft.
Unterstreiche in jedem Satz das Prädikat **rot**: Ich streichle die Ziegen.

Subjekte erkennen und einsetzen

Datum: ____________

1 Unterstreiche in den Sätzen die Subjekte blau.

Die Zahnärztin untersucht die Zähne.
Der Hausmeister verkauft Milch und Kakao.
Briefe und Päckchen bringt der Postbote.
Schneidet der Gärtner heute die Hecke?
Brötchen und frisches Brot backt der Bäcker.

2 Unterstreiche in den Sätzen die Subjekte blau.

Die Ärztin verbindet den Fuß.
Die junge Ärztin verbindet den Fuß.
Die junge, blonde Ärztin verbindet den Fuß.
Die junge, blonde Ärztin mit der Brille verbindet den Fuß.

Am See steht ein Haus.
Am See steht ein kleines Haus.
Am See steht ein kleines, grünes Haus.
Am See steht ein kleines, grünes Haus mit einem hohen Zaun.

3 Setze die Subjekte ein.
Denke an die Großschreibung am Satzanfang.

alle Kinder	der Stift	~~der Lehrer~~	die Pausenglocke	der Wind	Elina

Der Lehrer schreibt einen Satz an die Tafel.

Dabei fällt ihm ____________ aus der Hand.

____________ sollen heute Sterne aus Papier ausschneiden.

Am Ende der Stunde klingelt ____________.

____________ hat sich auf dem Spielplatz verabredet.

Doch ____________ weht zu stark und niemand darf nach draußen.

4 Schreibe Sätze mit immer längeren Subjekten wie in Aufgabe 2 ins Heft.
Unterstreiche die Subjekte blau.

Prädikate und Subjekte unterscheiden

Datum: ______________

1 Bilde aus den Satzgliedern sinnvolle und lustige Sätze
und trage sie einem Partnerkind vor.
Stelle die Subjekte mal an den Anfang,
mal an das Ende der Sätze.

____
Unterschrift Partnerkind

Die Lehrerin	bellt	in den Bergen.
Das Baby	badet	in der Küche.
Oma	klingelt	an der Tafel.
Opa	schreibt	im Schlafzimmer.
Meine Mama	tanzt	im Kinderwagen.
Unser Hund	hämmert	in der Badewanne.
Der Wecker	wandert	im Hobbykeller.
Meine Tante	nuckelt	im Flur.

2 Schreibe sechs Sätze mit den Satzgliedern von Aufgabe 1 ins Heft.
In drei Sätzen soll das Subjekt nicht am Anfang stehen.

3 Unterstreiche in den Sätzen
die Prädikate rot und die Subjekte blau.

Zu Hause macht die Familie das Abendbrot.
Mama schneidet Tomaten und Gurken.
Den Tisch deckt Paul.
Er faltet auch Servietten.
Papa holt Wurst und Käse.
Das Brot liegt noch im Brotkasten.
Pauls Schwester hilft auch.
Sie brät vier Spiegeleier.
Paul streut Salz auf die Eier.
Mama schenkt die Getränke ein.
Dann setzt sich die Familie an den Tisch.

4 Suche dir zwei Kinder für eine Gruppe.
Jeder von euch schreibt
zwei Sätze ins Heft.
Bestimmt gemeinsam
die Prädikate und die Subjekte.

____
Unterschriften Gruppenkinder

Sprache erforschen

Datum: ______________

1 Sprich mit einem Partnerkind.
Beantwortet Floras Frage.
Welche Wörter mit mehreren Bedeutungen kennt ihr noch?

____
Unterschrift Partnerkind

2 Schreibe die Wörter mit zwei Bedeutungen zu den Bildern.

 ______________________

 ______________________

 ______________________

 ______________________

3 Lies die Sätze. Was meint jemand, der diese Sätze sagt? Kreuze an.

- ☐ Ich war sehr überrascht.
- ☐ Ich bin mit dem Flugzeug abgestürzt.

- ☐ Du sollst den Ball nicht hoch werfen.
- ☐ Übertreibe nicht so.

4 Verbinde die französischen Wörter mit den Bildern.

der Champignon	
das Baguette	
die Mayonnaise	

die Pommes Frites	
die Serviette	
das Dessert	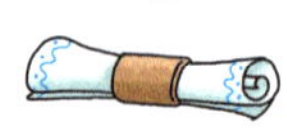

Sich Verständigungsprobleme bewusst machen
Wörter mit mehreren Bedeutungen und Redewendungen kennenlernen
Sich französischsprachiger Wörter in der deutschen Sprache bewusst werden Fo

Mit mehrdeutigen Wörtern spielen

Datum: ______________

1 Schreibe die passenden Wörter zwischen die Rätsel.

die Decke der Hahn die Feder die Birne die Bank

Mein Teekesselchen kräht morgens.	______	Aus meinem Teekesselchen kommt Wasser.
Mein Teekesselchen ist eine Frucht.	______	Mein Teekesselchen leuchtet.
Mein Teekesselchen ist ein Teil eines Vogels.	______	Mit meinem Teekesselchen schrieb man früher.
Auf meinem Teekesselchen kann man sitzen.	______	In meinem Teekesselchen gibt es viel Geld.
Mein Teekesselchen ist immer oben im Zimmer.	______	Mein Teekesselchen wärmt mich nachts.

2 Zu welchen Bildern passt das gleiche Wort? Verbinde.

3 Schreibe die Teekesselchenwörter von Aufgabe 2.

Strauß, ______

4 Suche dir zwei Kinder für eine Gruppe.
Spielt das Teekesselchenspiel mit diesen Wörtern.

die Erde die Bremse die Mutter die Brille

____
Unterschriften Gruppenkinder

Redewendungen verstehen

Datum: ____________

1 Kreuze die richtige Erklärung zu den Redewendungen an.

> Da hast du aber Schwein gehabt.

- [ ] Du hattest ein Schwein als Haustier.
- [ ] Du hast ein Schweineschnitzel gegessen.
- [ ] Du hast großes Glück gehabt.

> Das interessiert kein Schwein.

- [ ] Schweine interessieren sich dafür nicht.
- [ ] Das interessiert niemanden.
- [ ] Das ist nicht für Tiere geeignet.

2 Verbinde die Redewendungen mit den passenden Erklärungen.

Du schleichst wie die Katze um den heißen Brei.

Das ist nur einen Katzensprung entfernt.

Wenn die Katze aus dem Haus ist, tanzen die Mäuse auf dem Tisch.

Kauf nicht die Katze im Sack.

Du hast nur eine Katzenwäsche gemacht.

Wenn keine Aufsicht da ist, tut man unerlaubte Dinge.

Du tust oder sagst nicht das, was du eigentlich möchtest.

Das ist nicht weit entfernt.

Du hast dich nicht gründlich gewaschen.

Kaufe nichts, was du vor dem Kauf nicht gesehen hast.

3 Sprich mit einem Partnerkind.
Was bedeuten die Redewendungen?

____
Unterschrift Partnerkind

> Er kann keiner Fliege etwas zuleide tun.

> Hunde, die bellen, beißen nicht.

> Ich habe mich pudelwohl gefühlt.

> Sie benimmt sich wie ein Elefant im Porzellanladen.

26

Bildhafte Sprache in Redewendungen kennenlernen
Redewendungen Erklärungen zuordnen
Die Bedeutung von Redewendungen erklären

KV 54
Fö 68/Fo
HR

Abkürzungen kennenlernen

Datum: ______________

1 Schreibe die Abkürzungen zu den Bedeutungen.

~~z. B.~~	usw.	z. T.	vgl.	d. h.
bzw.	evtl.	ca.	i. Allg.	Nr.

z. B. ______ zum Beispiel — ______ eventuell

______ circa — ______ und so weiter

______ zum Teil — ______ beziehungsweise

______ Nummer — ______ vergleiche

______ im Allgemeinen — ______ das heißt

2 Welche Buchstaben werden für die Abkürzungen in Aufgabe 1 verwendet? Markiere.

3 Lies den Text und markiere die Abkürzungen.

Pyramiden

Pyramiden wurden vor ca. 4500 Jahren gebaut und sind z. T. noch richtig gut erhalten. Die Cheops-Pyramide war genau 146,6 m hoch, d. h. ungefähr so hoch wie ein Wolkenkratzer mit ca. 50 Stockwerken. Erbaut wurde sie vom ägyptischen König Cheops bzw. von seinen Arbeitern. Bevor der Bau begann, mussten viele Dinge bedacht werden. Es musste z. B. ein geeigneter Bauplatz gefunden werden, ein großer Steinbruch musste in der Nähe sein usw.

4 Lies den Text von Aufgabe 3 einem Partnerkind vor. Ersetze beim Lesen die Abkürzungen durch die Wörter.

____
Unterschrift Partnerkind

5 Suche in Sachbüchern, Internettexten, Zeitungen usw. nach Abkürzungen. Schreibe sie ins Heft. Schreibe auch ihre Bedeutung dazu.

 Datum: ______

1 Verbinde die Zeichen und die Emojis.

:-)		;-)	
:-(		:-0	
8-)		:-P	

2 Lies die Textnachrichten.
Markiere die sechs Abkürzungen im Text.

Hallo Felix! Wg? War das Training gut bei dem Regen? LOL

KA! Ich war nicht da.

Bist du aus Zucker?
MfG Esra

Sehr witzig!
LG und bb! Felix

3 Welche Abkürzungen aus den Textnachrichten von Aufgabe 2 passen zu den Bedeutungen? Schreibe.

Laughing out loud (laut lachen) ______

Mit freundlichen Grüßen ______

Keine Ahnung ______

Bis bald! ______

Liebe Grüße ______

Wie geht's? ______

4 Welche Emojis von Aufgabe 1 würdest du für die Textnachrichten in Aufgabe 2 verwenden? Zeichne sie in die Kreise von Aufgabe 2.

5 Welche Abkürzungen benutzt du in Textnachrichten oder E-Mails? Schreibe.

______

______

Wörter aus anderen Sprachen verstehen

Datum: ____________

1 Verbinde die englischen Wörter mit den deutschen Wörtern.

easy	toll
cool	Vorführung
Show	einfach
checken	ausruhen
chillen	verstehen

Sound	Aktivität
happy	Klang
Action	Geschichte
Prank	glücklich
Story	Scherz

2 Lies den Text und markiere die englischen Wörter.

Das war ja echt ne coole Show!
Der Sound war auch echt gut.

Das war ganz schön viel Action.
Aber so richtig hab ich
die Story nicht gecheckt.

Wieso? Das war doch easy.
Ich bin echt happy.
Komm, wir chillen zu Hause
und ich erklär dir die Story nochmal!

War nur ‘n Prank! Alles easy!

3 Lies das Gespräch von Aufgabe 2 noch einmal.
Versuche, die englischen Wörter durch deutsche Wörter zu ersetzen.

4 Setze die französischen Wörter in die Sätze ein.

Garderobe	Bonbon	Portemonnaie	Chef

Im Theater gibt man seine Jacke an der ____________ ab.

Mein ____________ schmeckt nach Zitrone.

Oma hat genug Geld in ihrem ____________.

Herr Höpper ist unser Schulleiter. Er ist hier der ____________.

Sprachen vergleichen

Datum: ____________

1 Suche dir für die Aufgaben 2 bis 4 ein Partnerkind.

____
Unterschrift Partnerkind

2 Lest die Liedstrophe auf Deutsch.
Versucht dann, die Strophe in den anderen Sprachen zu lesen.

Deutsch
Bruder Jakob, Bruder Jakob!
Schläfst du noch? Schläfst du noch?
Hörst du nicht die Glocken,
hörst du nicht die Glocken?
Ding, dang, dong. Ding, dang, dong.

Englisch
Are you sleeping? Are you sleeping?
Brother John, brother John!
Morning bells are ringing,
morning bells are ringing.
Ding, ding, dong. Ding, ding, dong.

Französisch
Frère Jacques, frère Jacques!
Dormez-vous? Dormez-vous?
Sonnez les matines,
sonnez les matines.
Din, din, don. Din, din, don.

Italienisch
Fra Martino, campanaro!
Dormi tu? Dormi tu?
Suona le campane,
suona le campane.
Din, don, dan. Din, don, dan.

3 Schreibt die Wörter für Bruder, Glocken und schläfst in den anderen Sprachen.
Sprecht über Gemeinsamkeiten und Unterschiede.

Deutsch	Bruder	Glocken	schläfst
Englisch			
Französisch			
Italienisch			

4 Versucht, die Strophe auf Türkisch zu lesen.
Lest dann die Übersetzung. Was ist anders als im deutschen Text?
Was ist gleich? Sprecht darüber.

Türkisch
Tembel çocuk, tembel çocuk!
Haydi kalk! Haydi kalk!
Artık sabah oldu,
artık sabah oldu.
Gün doğdu. Gün doğdu.

Übersetzung der türkischen Strophe
Faules Kind, faules Kind!
Los, steh auf! Los, steh auf!
Jetzt ist es Morgen,
jetzt ist es Morgen.
Der Tag fängt an. Der Tag fängt an.

Das kann ich jetzt

Ich kann Nomen zusammensetzen und mit Artikel aufschreiben:

Ich kann Nomen in der Einzahl und Mehrzahl schreiben.
Ich kann die Wortbausteine für die Mehrzahl am Ende der Wörter markieren:

So kann ich Nomen erkennen:

Das kann ich jetzt

Ich kann zu Verben die Personalformen schreiben:

ich	ich
du	du
er	er
wir	wir
ihr	ihr
sie	sie

Ich kann Verben schreiben, die mit verschiedenen Wortbausteinen beginnen.
Ich kann die Wortbausteine am Anfang der Verben markieren:

Ich kann einen Begleitsatz und die wörtliche Rede schreiben und die Satzzeichen setzen:

Das kann ich jetzt

Ich kann die Grundform und die Vergleichsstufen zu Adjektiven bilden:

Ich kann mit Adjektiven Dinge und Personen vergleichen.
Dafür bilde ich Sätze mit den Wörtern **als** oder **wie**:

Ich kann Wörter zu Wortfeldern schreiben:

Ich kann Sätze im Präsens schreiben:

Ich kann Sätze im Präteritum schreiben:

Ich kann diesen Satz umstellen und so die Satzglieder erkennen:
Im Körbchen schläft die kleine Katze.

Ich kann in jedem Satz das Prädikat **rot** und das Subjekt **blau** unterstreichen:

Im Garten spielt meine Schwester.

Mama und Papa sitzen auf der Terrasse.

Liest du ein spannendes Buch?